밤드리 노니다가

"Out of this reveries emerged a picture filled with the words that made up a story, an account of how it came to happen."

From 《The Dragon and the Beauty》 by Ra Jong-Yil

밤드리 노니다가

1983년 어느 가을밤, 젊은 정치학자 마음에 깃든 옛이야기

耽美夜譚
라종일의 탐미야담

라종일 지음 김철 옮김

경애든소니인

들어가며

원래부터 이야기꾼이었습니다만

"대사께서는 동화 작가라고 들었습니다. 정치학자가 어떻게 동화를 쓰십니까?"

일본에 대사로 부임하여 고이즈미(小泉純一郎) 총리를 인사차 방문했을 때 그가 묻는 첫 말씀이었습니다. 예상치 않은 질문에 조금 놀랐지만 웃음도 났습니다.

"총리, 동화는 우리가 일상적으로 생각하지 못한 일들을 다른 차원에서 새롭게 보여줄 수 있습니다. 말하자면 기존 사회의 문제와 관심에서 자유로운 어린이의 눈으로 보는 세상이지요."라고 가볍게 대답하였습니다. 속으로는 웃었습니다.

왜 이야기를 쓰는 걸까요?

명확한 이유는 모르겠습니다. 다만 우리의 일생이 이야기를 쓰고 지우고 다시 쓰는 과정을 되풀이하는 것이 아닐까 생각합니다. 우리 자신에 관하여, 그리고 다른 사람에 관하여, 또한 우리와 조우하는 모든 것에 관하여 쓰고 지우고 다시 쓰는 것이죠. 그렇다면 우리 자신도 이야기가 아닐까요?

이 동화를 쓰게 된 것도 내가 알지 못하는 어떤 특별한 계기가 있었던 건 아니었습니다.

엄혹한 시절이었던 1980년대 초반, 어느 날 우연히 머릿속에 떠돌던 단어들을 잡아서 이야기를 만들다 보니 우연히 동화가 되었습니다. 이 이야기가 재미있다고 느껴져서 매주 고정 칼럼을 연재하던 영자신문에 보냈습니다.

처음에는 반응이 좋았지만, 얼마 지나지 않아 검열에 걸려서 게재가 어렵다는 답이 왔습니다. 그래서 혹시나 하는 생각에 외국의 한 매체에 투고하였더니 계속 써달라는 요청이 왔습니다. 이야기를 만드는 일은 어려운 일이 아니었습니다.

우리나라는 이야기의 천국입니다. 도처에 이야기의 소재가 될 만한 민담, 야담, 설화 등이 많아서 오히려 무슨 이야기를 먼저 써야 할지 혼란스러울 지경이었습니다. 거장들의 명작도 실은 하찮게 여기던 민간 설화에서 소재를 가져오곤 합니다.

만약 그 당시 생각하지도 못했던 인생의 새로운 전기가 없었더라면 정말로 직업적인 이야기꾼이 되었을지도 몰랐답니다.

짧은 인생에 때때로 생각하지도 못했던 기회가 다가와 놀랄 만한 일이 벌어지기도 합니다. 올해 일어난 몇몇 우연한 계기가 아니었더라면 이 책이 나올 수 없었을 것입니다. 아니 그냥 아무도 모르게 서가 한 구석 꽂힌 채 잊혀 버렸을 것입니다.

평소 여러모로 존경하던 국문학자 김철 교수가 영문으로 쓰여 있던 이 동화들을 보고 그냥 두기 아깝다는 과분한 칭찬과 함께 국문으로 번역을 해보자고 제안했습니다. 내가 김철 교수의 제안에 부응했던 건 책 한 권 더 낸다는 욕심 때문이 아니었습니다.

나는 주제넘게도 1970년대 초부터 우리말의 앞날에 대해 우려를 해왔습니다. 이때는 세계화가 한창 진행되던 시기로 생태계 생물보다 세계의 언어들이 더 빨리 사라져가는 시기였습니다.

소수 언어 멸종에 대한 우려와 더불어 한국어가 새로운 세기에 어떻게 하면 생기 넘치는 문화어로 살아남을 수 있을까 하는 고민에 직면했던 때였습니다. 역사상 큰 제국의 그늘에서 자신들의 언어를 잃어버렸던 민족들의 사례도 잘 알고 있었습니다.

 이런 연유로 '밀레니엄연구원'이라는 사단법인을 운영하기도 했습니다. 당시 '언어의 바다의 항해', ' 언어의 삶과 죽음', '민족 번영 보존의 초점은 언어' 등의 서평과 칼럼 등을 쓰며 관심을 기울였습니다.

 이 책의 한국어 번역 작업은 한국어에 대해, 그리고 한국 전통문화에 대해 다시 한번 돌이켜보는 계기가 되었습니다.

 1983년 이 원고를 외국의 매체에 기고할 당시 원고는 한국어가 아닌 영어였습니다. 당시엔 떠오르는 단어들, 생각과 작문하는 글도 영어였기 때문입니다.

 이런 원고를 한국어로 바꿀 때 나는 어떤 마음을 품게 될까 궁금했습니다.

 그때 헤르츠나인 출판사를 만나게 되었습니다.

 이 작업에 관심을 보인 곳은 작은 출판사들이었습니다. 그중에서도 헤르츠나인은 특별한 열정과 전문적인 안목으로 김철 교수의 번역을 이 원고의 성격에 딱 맞는 모양새와 내용으로 재구성하였습니다.

 서가 한 구석에서 오랫동안 먼지를 뒤집어쓰고 다시 세상을 만날 순간을 기다려 온 이야기들이 조금씩 살아 제 모습을 찾기 시작했습니다. 드디어 영어로 생각하고 영어로 글을 짓고 하던 시기에 작성했던 원고가 한국어로 아름답게 번역되어 독자 여러분을 만날 수 있게 되었습니다.

 우리나라의 이 사랑스러운 옛이야기들이 동시대 독자를 만나 새로운 상상의 씨앗으로 심어져 또 다른 모습으로 태어나길 기대해 봅니다.

2024년 9월 라종일

차례

들어가며　4

1장 용(龍)과 미녀 | 헌화가(獻花歌)와 구지가(龜旨歌)
　　가질 수 없는 아름다움에 대하여　11

2장 오쟁이 진 남자 | 처용가(處容歌)
　　배신으로부터 깨달은 구원　41

3장 사람이 되기 위하여 | 여우 설화
　　동물의 마성(魔性)에 관한 순수한 슬픔　65

4장 아버지를 찾아서 | 주몽(朱蒙)과 유리(琉璃) 설화
　　결핍과 신비를 품은 칼의 반쪽　83

5장 빛 없는 불 | 지귀((志鬼) 설화
　　단 한번 눈길에 부서진 영혼　113

역자후기　136

1장

헌화가(獻花歌)와 구지가(龜旨歌)

용(龍)과 미녀

가질 수 없는 아름다움에 대하여

서양을 여행하다 보면, 널리 알려진 이야기 속 장면인 용과 인간이 일대 격투를 벌이는 모습과 종종 마주칩니다. 으레 인간의 승리로 끝나곤 하는 이 이야기에서, 말 위에 올라탄 주인공 사내는 그 무시무시한 거대한 뱀을 창으로 꿰뚫어버리거나, 단칼에 두 동강을 내 버리거나, 심지어는 맨손으로 싸워서라도 끝내 그 괴물을 짓뭉개 버리곤 하지요.

이런 형상은 매우 다양한 장소에서, 다양한 모습으로 만날 수 있습니다. 이를테면 회화나 조각이 있고, 단체의 상징물로도 존재하며, 자수(刺繡)나 벽의 장식 등 여러 형태로 나타나지만, 기본 바탕은 놀라울 정도로 똑같답니다. 여행객은 그저 대강 훑어보기만 해도 이 장면이 무얼 말하는지 금세 알아차릴 수 있어요.

용과 인간이 싸우는 형상은, 오래전 용맹한 서양 사람들이 무시무시한 괴물과 치열한 싸움을 벌였고, 기어이 용을 죽인 다음에야 그들의 공동체를 세우게 되었다는 것, 그리고 이 대결에서 얻게 된 여러 가지 생각과 기억, 그리고 전설 같은 것들이 이후 삶의 밑바탕이 되었음을 상징한다는 것을 말이죠.

외국인 여행자, 특히 아시아에서 온 사람들이라면 종종 두려운 느낌에 더해 그 거대한 짐승을 도살(屠殺)하고야 마는 잔인함에 연민의 감정을 품을 수도 있어요.

"애먼 데서 잡혀 죽다니, 가엾어라!"

동양 사람들은 그 막강한 힘을 숭배하며 그 생명력을 찬탄하고, 그 초자연적 특성을 존경하여 용에게 복을 비는 일에 익숙하지요. 그래서 용을 볼 때 떠오르는 감정은 연민보다는 두려움이 앞섭니다.

실제로 우리가 감히 용을 죽인다는 생각을 한 적이 있던가요? 용을 무찌르는 상상 대신 우리는 용이 지닌 자연의 위대한 면모의 현현(顯現)을 갈망해 오지 않았던가요? 우리 전통에서는 초자연적인 짐승을 흘낏 보기만 해도, 아니 꿈에서 보기만 해도 상상할 수 없는 엄청난 행운이 찾아온다고 믿었지요.

명백하게 불리한 형세에도 최후의 승리를 조금도 의심치 않으면서 거대한 용과 맞서 싸우는 인간의 형상을 그리는 서양의 묘사를 보며 가끔 나는, 솔직히 말해, 매우 우울하고 심지어는 절망스럽기까지 했어요.

왜 우리 동양 사람들은 용을 우리보다 절대적으로 우월한 존재로만 여겼을까요?

왜 우리는 용과 싸워 볼 생각을 하지 않았을까요?

늘 그것을 궁금해하던 어느 날, 내가 이야기의 핵심을 완전히 놓치고 있다는 사실을 깨달았어요.

우리도 용 때문에 죽고 사는 문제가 생기면 당연히 용과 맞서 싸웠거든요. 단지 서양과 달리 우리 나름의 방식이 있었어요. 그것은 아주 평화로우면서도 한편으론 굳센 것이었습니다. 혼자가 아니라 집단으로, 세속의 부귀

영화를 위해서가 아니라 아름다움을 위해 싸우는 것이었지요. 한 아름다운 여인을 위해서 말입니다.

언젠가 유럽의 한 작은 마을 어떤 문 꼭대기에 걸린 팻말에 용과 사투를 벌이는 말 탄 기사의 그림이 새겨진 것을 보았어요. 그러자 오래전 우리 한국 사람들이 자기 자신을 하나의 민족으로 깨닫기 시작하던 무렵의 이야기 하나가 생각나더군요. 장면 하나가 마음속에 생생하게 떠올랐습니다.

많은 사람들이 바닷가에 모여 있었어요.

자신을 둘러싼 막강한 자연, 황량한 언덕, 거친 바다, 울부짖고 소리치고 몸부림쳐 보지만 한없이 작고 의지할 데 없는 인간들. 이들에게 무슨 일이 일어난 걸까요?

그 장면과 함께 어떤 이야기가 그림처럼 생생하게 내 눈앞에 나타났어요.

옛날,
하지만 그때 벌어진 일이 우리와는
아무 상관 없는 일이라 여겨질 만큼 그리 오래되지는 않은
어느 옛날,
한 아름다운 여인이 살고 있었어요.

그녀는 너무 아름다워서
가는 곳마다 금세 사람들이 몰려들고
그 여인을 바라보면서 찬탄을 금치 못하곤 했지요.
물론 그녀를 아름답다고 하는 건,
사람들이 흔히 말하듯,
용모만을 가리키는 게 아니고
얼굴이나 몸의 어디가 이렇게 아름답다느니
저렇게 늘씬하다느니 하는 이야기도 아니에요.
예를 들면,
얼굴이 조막만큼 작은 팔등신의 미녀라거나,
가을 호수를 떠오르게 하는
깊은 눈동자를 지녔다거나 하는
이야기가 아니라는 뜻이지요.

어떤 멍청한 철학자가 언젠가
아름다움은 '여름 과일처럼 썩기 쉬운 것'이라고 말했지만
그렇지 않아요.
아름다움은 언제나 우리와 함께 있어요. 왜냐하면,
그것은 우리를 끝없이 끌어당기는 힘이기 때문이지요.
아름다움이란 아마 근본적으로 설명할 수 없는
어떤 자질일지도 모르겠어요.
그것은 내면적인 어떤 우아한 힘
-사람들을 지배하는 힘이지요.

어떤 아름다운 여인이 다소곳이 우아하게 행동할 때
그 앞에서 사람들은
행복감과 편안함을 느끼지요.
그러나 또 한편,

그녀는 남들을 우울하고 불편하게 만들 수도 있어요.
그녀를 보고 사람들은
젊음이야말로 이 세상을 살아가는 가장 중요한 힘이라고
느낄 수밖에 없고, 그러다 보면
마음이 들뜨고 잠을 설치기 마련이거든요.

하지만
아름다움이 일으키는 가장 중요하고 큰 힘은
그것이 우리에게 상상력을 부여한다는 점이지요.
아름다움은
우리 자신에 대해,
우리 존재의 본질에 대해, 그리고
우리를 둘러싼 이 세계의 본질에 대해
상상하게 해준답니다.
우리의 기본적인 관념과 열망은 상상으로부터 나오고,
우리의 공동체적 삶의 형태 역시
상상의 바탕 위에 세워져 있지요. 그리하여,

어느 아름다운 여인이
여행 중에 길가 절벽 위에 핀 들꽃을 보고
감탄하면서 걸음을 멈추었다는 이야기,
그러자
꽃에 마음을 빼앗긴 그 여인을 위해
한 노인이 기꺼이 나서서
그녀에게 꽃을 따 주었다는 이야기가 전해지는 거예요.

이 무지렁이 늙은 농부는
여인의 아름다움에 취해
자신의 나이도 잊고 온몸에 충만한 젊음을 느끼며
꽃 한 송이를 꺾고자
목숨을 걸고
위험한 절벽을 오르는 용기를 냈어요
그 용기는
그녀에게 그 꽃을 바치면서 수줍게
감동적인 시 한 편을 읊을 때까지도
수그러들지 않았답니다.

미소를 지으며 살짝 눈썹을 치켜뜰 때나
하품을 가리기 위해 살며시 손을 입가로 들어 올릴 때,
그런 여인의 모습을 잠깐 보는 것만으로도
사람들은 기쁨에 겨워 몸을 떨었어요.
그 여인은
인생의 모든 비밀을 다 알고 있는 듯했고,
우주의 모든 신비를 구현하는 듯했지요.

사람들을 끌어당기는 그녀의 매력이
그토록 나날이 놀라우니

인간 세상과 멀리 떨어진 깊은 바닷속
용(龍)의 귀에도 소식이 들렸고,
용도 그 여인에게 신경을 쓰지 않을 수 없었어요.

용은 지금까지 홀로 오롯한 존재였습니다.

모두가 그를 경외하며 또 숭배하였고,
태곳적부터 헤아릴 수 없이 오랜 세월을 살아오며
모든 생명의 삶과 죽음을 한 손에 쥐고 다스렸던 그는
인간사 흥망과 성쇠까지 관장하는
대자연의 지배자였습니다.

용을 절대 이길 수 없다는 것,
옳든 그르든 용의 분노는 누구도 피할 수 없다는 것,
그리고
용의 가호 없이는 어떤 복도 얻을 수 없다는 걸
사람들은 너무나 잘 알고 또 그렇게 믿고 있었어요.
용의 힘은 이를테면 불을 보듯 분명한 것이었지요.
그 아름다운 여인이 태어나기 전에는
용이 대자연의 유일한 힘이었죠.

그런데 자신을 경배하던 사람들이 도대체 왜
미녀에게
속절없이 빠져드는지 용은 이유를 알 수 없었어요.
부글부글 속만 끓였죠.
그렇다고 화가 나는 건 아니었어요.

그래서 더욱
무엇 때문에 속이 불편해진 건지 이해할 수 없었어요.
용도 미녀의 순수한 아름다움에 홀딱 빠진 게 틀림없어요.
비록 그녀는 용이 경멸해 마지않는,
약해 빠지고 무상하기 이를 데 없는
한낱 가녀린 인간에 불과했지만 말이에요.
우연처럼 보이는 세상만사가
자연의 고유한 질서에 따라 움직이듯이,
용도 자연스럽게 그녀를 사랑하게 되었다고
말할 수도 있겠죠. 하지만,

용을 불편하게 하고 마침내
일을 저지르도록 재촉한 것은 사랑이 아니었어요.

사람들을 매혹시키고 지배하는 미녀의 힘,
특히 주변에 수많은 군중을 모여들게 하고
그들에게 이 세계 너머의 더 넓고 높은 세상을
꿈꾸게 하는 상상력.
용은 한 번도 생각해 보지 못했던
그녀의 신기한 힘이었어요.
처음에 용은 하찮은 한 인간의
보잘것없는 그런 힘 따위야
금세 사라져 버릴 거라고 생각했어요. 하지만
그러면 그럴수록,
용의 마음은 더욱 불편해졌고
어느새 걱정이 쌓이기 시작했어요.
상황이 아주 위험하다고 느꼈어요.

미녀가 불러일으킨 그런 종류의 상상력은
하찮은 인간들의 너절한 환경에서는 절대로
있어서는 안 된다는 걸
용은 알고 있었거든요.
그런 몹쓸 상상력 때문에,
하루 또 하루 먹고 살기를 걱정하거나 하면 되었을
하루살이처럼 미천한 인간 주제에,
내일의 목숨을 기약할 수 없는 순간에도
깃털이나 꽃, 광택 나는 조개껍질 같은
아름다운 것들을 차츰
탐하기 시작하고,
그것으로 자신을 화사하게 꾸미고 이를 즐거워하다가
결국
그 시시해 보이던 사소한 아름다움과
인간의 조그마한 머릿속에 들어 있는 어떤 본능이
순식간에 연결되어
인간의 고민과 사색을 풍부하게 할 것이라는 사실에
용은 두려움을 느꼈어요.

아무것도 아닌 조개껍질 같은 것들이 결국에는
인간의 능력, 아름다움, 그리고 마침내는
인간 자신의 고유한 힘, 그리고
상상력으로 나아가는 불씨가 될 거라는 사실까지도
그는 내다볼 수 있었어요.
용은
자신과 인간들과의 관계에 어떤 돌이킬 수 없는,
근본적인 변화가 일어날지도 모른다는
불길한 예감에 사로잡혀요.

미녀 곁에 몰려들어
그 여인을 바라보고
그녀를 찬양하며
웃고 노래 부르는 사람들을 보면서,
지금 뭔가 하지 않으면
전혀 알지 못하는 또 다른 어떤 힘센 것이 나타나
자기와 경쟁하거나 혹은
자기를 무너뜨릴지도 모른다는 두려움에
휩싸이기 시작했어요.
물론 용이 두려워한 것은 인간 개개인이 아니었지요.

오히려 그는,
인간의 나약함,
보잘것없는 욕망,
초라한 소원,
허영, 속임수, 배신 등등,
인간의 특성이라고 이름 붙일 만한 것들을 다 포함해서
인간이라는 존재 자체를 경멸했어요.
그러나 용은 자기 앞에서 일어나는 변화를
두 눈으로 직접 보면서도 믿을 수가 없었어요.
아름다운 여인을 찬양한다는 같은 목적으로 뭉치고,
그럼으로써 예전에는 몰랐던 꿈을 꾸고,
그 꿈을 따라 현실 너머로 자신을 끌어올리고,
기어이 자신의 존재를 뛰어넘는 것을 느끼기 시작하는
사람들
-그들이야말로 지상의 주인이요 중심이었던 거지요.
용이 본 것은 바로 그것이었어요.

용은
인간이 뭐 대단한 걸 이루리라고는 생각하지 않았어요.

하지만 용은
미녀로부터 시작된
사람들 안에서, 사람들 사이에서 일어난
이 변화가 두려웠어요.
아직은 미미한 수준에 불과했지만, 그럼에도
그건 멈추어야만 하는 변화였어요.
그가 보기에 인간들이 꿈을 품는다는 건
큰 재앙일 뿐 아니라 아주 위험한 일이었어요.
이런 상황을 빨리 멈추지 않으면,
인간들 하나하나를 다루기가 간단치 않을 것이
틀림없었어요.
허약하고 아첨쟁이인 데다
손쉽게 지배당하는 인간들,
화난 용을 달랜답시고
쓸데없는 정성을 다하고,
별것도 아닌 걸 갖다 바치면서 언제나
자질구레한 복을 구걸하는 그 인간들 말이지요.
기회는 우연히 찾아왔어요.

미녀가 여느 때처럼 사람들을 거느리고
용이 살고 있는 바닷가를 지나고 있을 때였어요.
장엄하고도 위용 넘치는 자연의 잔혹한 위력을 과시하면서
용은 바닷속으로부터 솟아올라

그 아름다운 여인을 덮쳤어요.

냉정한 계산에 따른 의도적인 행위였지요.
하지만 그것은 또 한편
자연의 행위 혹은 현상이기도 했어요.
마치 물이 높은 곳에서 낮은 곳으로 흐르고,
호랑이가 사슴을 덮치고,
고기떼가 산란 장소를 향해 무리 지어 몰리고,
몽골사막의 찬바람이
이른 봄 한반도의 꽃봉오리를 떨구듯이,
질투와 사랑이 뒤섞인 파괴의 절대적 욕망이기도 했지요.

용이 자신의 노획물을 가지고 깊은 바닷속으로 사라진 뒤,
그녀를 따르던 사람들은
바닷가에 남겨진 채
자연이 떨친 위력에 넋이 빠져 있었어요.
감히 그 괴물을 막아서거나
용을 따라 바닷속으로 들어가려는 사람은
단 하나도 없었어요.
날개 달린 신발도 없고,
마법의 칼도 없고,
번쩍이는 갑옷을 입고
어디서든 등장하는 기사도 없었지요.
다만
멍하니 서로의 얼굴을 쳐다보고
바다와 그 주변을 바라보는 사람들뿐이었어요.
처음에는 아무 말도 없었지요.
그러다가
그들 사이에서 논쟁이 벌어졌어요.

그 여인이 사라진 데에 누가 어떤 책임이 있는가?
그런데 이상하게도,
그녀를 돌려 달라고
용에게 제사를 드리자는 말을 하는 사람이
아무도 없었어요.
옛날 같으면 으레 그랬을 텐데 말이지요.
이것 하나만은 분명했어요.
즉,
설령 그녀를 되찾을 방법이 결코 없다 하더라도,
또 그녀를 되찾는 것이 이미 분명하게 드러난
자연의 뜻을 거스르는 것이 된다고 하더라도,
그들은
그 아름다운 여인을 그대로 잃어버린 채
포기할 수는 없었어요.
꿈,
상상,
그리고 삶의 비밀을 향한 실마리는
계속되어야만 했으니까요.

아무도 바닷가를 떠나지 않았어요.

그들은 그냥 멍하니 선 채로
그녀의 흔적조차 보이지 않는 바다를
바라보고만 있었지요.
소식이 퍼지자,
온 나라에서 몰려온 군중으로 바닷가는 갑자기
아름다운 여인을 잃은 슬픔으로 비통해하는 사람들로
가득 차 북적거리기 시작했어요.
엄청난 소란이 일어났어요.
어떤 사람들은 용을 달래고,
또 누군가는 애먼 바다를 향해 욕하고 협박하기도 했어요.
게다가 즉석에서 노래를 지어서는
거의 광란에 가까운 절망적인 심정으로
노래를 불러대는 사람까지 있었답니다.
이 노래는
매우 불손하기 짝이 없는 것이어서
예전에는 감히 생각도 할 수 없는 것이었어요.
용은 이제 용이 아니라 미천한 거북이가 되었고
숭상과 아첨 혹은 기복의 대상이 아니라
무시무시한 협박까지 당하는 꼴이 되었습니다.
그녀를 돌려보내지 않으면
'너를 잡아서 구워 먹겠다'라는 말까지 감히 나왔어요.
이 소동은 가라앉을 줄을 몰랐어요.

아름다운 여인이 사라지자 오히려
그 여인의 존재는
사람들에게 더 생생하고
더 강력하고
더 매혹적인 듯했어요.

여인이 존재했을 때 그랬던 것 이상으로, 그녀는
사라짐으로써
아름다움을 더 아프게 느끼게 만들고
더 많은 사람들을 모이게 했어요.
게다가
이제는 아주 구체적인 목표를 향해
사람들을 단결하게 만들었어요.
그들의 의지를 자발적으로 표현함으로써
사람들의 진정한 공동체가 나타난 것이지요.

아, 물론
대부분 나이 들고 배운 게 많은 사람들이긴 했지만,
일부 사람들은
이런 짓은 좀 옳지 않다,
전적으로 자연스럽지 못하다고 주장했어요.
사람은 자연의 법칙을 따르는 게 마땅하며,
이런 터무니없는 짓을 멈추지 않으면
우리 모두 끝장이 날 거라고 그들은 말했지요.
하지만 아무도 그들의 말을 듣지 않았어요.
해변을 밝혀놓은 수천 개의 모닥불과 횃불로
밤바다는 찬란했지요.

그러나저러나
물속 깊은 곳에서 용은
노획물을 옆에 놓고 다시 속을 끓이고 있었어요.

소란한 소리나 빛 같은 걸로 바다가 흔들리지는 않겠지요.
그런데 이건 예상하지 않은 사태의 전개였어요.
뭔가 심란하고 부자연스러운 일이었어요.
인간들로부터 미녀를 빼앗아 버리면 그들은
어리석은 꿈에서 깨어나 건전한 상식을 되찾고,
진창 같은 원래의 존재로 돌아갈 거라고
용은 확신했답니다.
용은 자기가 원하기만 하면,
바깥의 소란스러운 소리나 소동 같은 건 죄다 무시하고
아름다운 전리품을 영원히 옆에 끼고
자기 혼자
그녀의 아름다움을 마음껏 즐길 수 있다는 걸
길고 있었지요.
그는 사람들을 겁먹게 할 수도 있었고
손쉽게 그들을 흩어버릴 수도 있었어요.

하지만 그는 그 중 어느 하나라도 실행한다면,
그건 그와 인간들 사이에 그리고
인간 자신들 안에서 이미 생겨난
급격한 변화를 더욱 빠르게 하고
더욱 악화시킬 거라는 사실을 깨달았어요.
시계를 되돌릴 수는 없었거든요.
어떤 식으로든
인간들의 소원과 반대되는 쪽으로 움직였다간
상황을 더욱 나쁘게 만들 뿐이고,
그것은 자신의 운명을 끝장낼 것이었어요.
현명하게도 그는
일이 더 커지기 전
이쯤에서 포기하기로 마음먹었답니다.

그래서 아름다운 여인은
기쁨에 넘친 사람들 곁으로 조용히 돌아왔어요.

이것이 내가 용과 우리네의 싸움에 대해 여기저기서 주워 모은 이야기의 전부랍니다. 이 이야기는 우리와 용의 첫 번째 싸움이었지요.

우리가 어떻게 용을 이겼는가 하는 이 이야기에는 서양의 태피스트리의 그림처럼 백마를 탄 영웅도 없고, 피로 얼룩진 영광도 없고, 피비린내 나는 전설도 남아 있지 않습니다.

하지만 이 이야기는 왜 우리가 이 사건에 관해 아무런 기념물도 세우지 않고 아무런 시도 쓰지 않았는지, 더 나아가 왜 그 싸움의 후속편이 하나도 없는지를 설명해 줍니다. 싸움은 아마 계속돼야 했을 텐데 말이지요.

2장

처용가(處容歌)

오쟁이 진 남자

배신으로부터 깨달은 구원

처용(處容)은 고아였어요. 그는 부모가 누군지도 몰랐고 자기가 어디 출신인지도 몰랐어요. 하지만 지금부터 이야기할 그 사건이 일어난 뒤로, 사람들은 그가 아마 동해를 다스리는 용왕의 아들일 거라고 말하기 시작했어요.

온 나라의 절반이 넘는 지역에 걸쳐 있는 바다의 모든 생명들과 파도, 바람과 날씨, 이 모든 것이 용왕의 손안에 있었지요. 그러니까 처용은 그냥 보통 사람이 아니었어요. 사람들은 목숨을 앗아가는 전염병을 퍼뜨리는 역신(疫神)을 몰아내는 신통력이 처용에게 있다고 믿기 시작했어요.

천년이 넘도록 처용은 노래나 춤을 통해 아주 엉뚱한 모습으로 기억되곤 했어요. 어떤 전통 노래와 춤은 처용의 이름을 따른 것도 있답니다. '처용무(處容舞)'라든가 '동해안별신굿 용왕무(龍王舞)' 같은 것 말이지요.

비슷한 상황에서라면 대부분은 그렇게 하지 않았을 법한 행동을 처용이 한 건 사실이지요. 수백 년 동안 우리는 처용의 노래와 춤을 흉내 내고, 그의 가면을 쓰고, 심지어는 문간에 그의 얼굴 그림을 걸어놓는 것만으로도 사악한 귀신을 겁줄 수 있고, 뭔가 경사스러운 일을 겪을 수도 있다고 믿어 왔지요.

어떤 귀중한 것이 대중에게 전달되면서 볼품없이 시시한 것으로 전락하는 걸 보면 참 마음이 아파요. 하지만 그보다 더 슬픈 건 사람들의 단순한 시각과 소망들이지요. 식견은 별 볼 일 없지만 이른바 '학식(學識)'은 주체 못할 정도로 철철 넘치는 어떤 학자님들 중에는 처용 전설에 관해 참으로 어이없는 견해를 펴시는 분들도 있더군요.

그런 사건은 실제로 일어나지 않았다는 학설을 비롯해, 그 이야기는 신라가 한반도를 처음 통일하고 이백 년쯤 지난 뒤 신라 사회의 정치적, 도덕적 퇴폐의 단면을 보여주는 은유일 뿐이라는 등과 같은 이론들이 있지요. 그런가 하면, 처용 이야기는 지방의 지주 계급과 중앙의 귀족 간의 권력 투쟁을 표현한 것이라는 등과 비슷한 주장을 펼치는 분도 있고, 처용은 무당이었노라고 엄숙하게 선포하는 분들도 있답니다.

이런 의견들은 더할 나위 없이 간단한 진실을 비틀고 왜곡하는 거예요. 내가 처용 이야기를 새로 쓰고 있는 건 바로 그 때문이에요. 오래전에 무슨 일이 일어났던 건지 기록을 바탕으로 정확한 설명을 해 보려 해요.

만일 우리가 처용에게 "당신은 용왕의 아들이냐, 무당이냐, 아니면 귀신을 굴복시키는 권능을 부여받은 사람이냐?" 하고 직접 물어 볼 수 있다면, 그는 그저 빙긋이 웃으면서 어떤 대답도 쉽게 하지 않을 거라고 나는 믿습니다.

'웃고 답하지 않으니 마음이 절로 한가롭다'라는 오래

된 시의 한 구절처럼 말이지요.

만일 뭔가 또 대답을 강요한다면, 그는 그저 마땅히 해야 할 자연스러운 일을 했을 뿐이라고 답하겠지요.

사람들에게 재앙을 벗어나 유익한 결과를 얻게 해 주는 그의 능력에 관해서라면 그는, 모든 재앙은 인간 자신의 내면, 즉 우리 마음속에서 생겨나는 것이며, 우리를 졸라매고 있는 탐욕과 집착을 벗어던지면 세상의 모든 재앙을 물리칠 수 있다는 말을 덧붙이겠지요.

처용에게는
아름다운 아내가 있었어요.

신라 왕국의 수도인 서라벌은 그때 가장 전성기였답니다.
많은 부인네들이 있었지만
화려하고 북적거리는 서라벌 거리 어디에서건
처용 아내의 아름다움이 가장 빛을 발했지요.

처용은 그 용맹함 덕분에 아내를 얻었어요.
그는 왕의 호위무사였답니다.

어느 날 사냥을 나선 왕이
갑자기 튀어나온 호랑이에게 죽을 위험에 처하자
처용은 혼자서 그 호랑이를 해치웠어요.
그 싸움에서 처용은 심한 부상을 입었지요.
그가 건강을 회복하자 왕은 그에게
아름답기로 이름난 미녀를 상으로 내려주었어요.
왕이 직접 주선하고 축복하는
용맹한 무사와 미녀의 결혼은
한동안 서라벌에서 즐거운 이야깃거리였지요.

하지만 처용에게 이 결혼은
미인과의 멋진 결혼 이상의 것이었어요.
그가 가정을 꾸리게 된 건
그때가 처음이자 유일한 기회였거든요.

처용이 그의 아내를,
흔히 말하는 대로
깊이 사랑했다는 건 의심의 여지가 없어요.
궁극적인 깨달음을 얻기 전에 그가 겪게 될 고뇌를 보면
그건 분명해요.
하지만
아내와 가정을 향한 처용의 사랑은
우리가 보통 말하는 그런 사랑 이상의 것이었어요.
왜냐하면 그것은
그가 처음으로 맛보는 인간의 따뜻함,
한평생 그가 만나보지 못했던 어떤 것이었으니까요.

처용은 어느 모로 보나 행복한 남자였지요.

잘생긴 데다
젊고 멋진 여자와 결혼도 하고 게다가
왕의 신임까지 받고 있잖아요.
그의 삶은 꿈처럼 행복해야 했지요.
하지만
이제 곧 설명할 그 중대 사건이 벌어지기 이전에도,
그의 결혼 생활에 전혀 갈등이 없었던 건 아니라는
증거가 있어요.
이 갈등이란 흔히 말하는
부부 사이의 사랑싸움이나 성격 차이 같은 게 아니라,
어떤 내적인 번뇌, 즉
처용 자신의 내면에 있는
어떤 정신적 위기나 문제를 가리키는 것이었어요.

처용은 때로 몹시 외로워 보였어요.
그의 외로움은 혼자 살 때보다 더 두드러지는 것 같았어요.
아내를 안고 있는 거친 숨결의 감미로운 순간에도
왜 그리 마음이 괴로운지
그는 알 수가 없었어요.

겉보기에는 행복한 결혼 생활 중에도
가끔 혼자 우울한 상태에 빠져 있거나
일없이 거리를 방황하는 걸
보았다는 이야기들도 나왔어요.
어떤 사람들은 그가
혼자서 중얼거리는 걸 우연히 듣기도 했답니다.
무슨 말인지 거의 알아들을 수 없었지만
그가 자기한테 뭔가를 묻는 걸
들었다는 사람들도 있었어요.

"사랑이란 뭘까?"
"가족이란 뭔가?"

처용의 이런 좀 유별난 행동이
그 뒤에 일어나는 그들 부부 사이의 갈등과
관계가 있는지 어떤지는 알 수가 없었어요.
그들 부부의 관계가 정확히
언제부터 어긋나기 시작했는지도 알 수 없었어요.
하지만
처용의 결혼 생활에 심각한 문제가 생긴 건
어떤 제삼자 때문이라는 소문이 나돌기 시작했어요.

처용의 아내에게
애인이 생겼다는 것이었습니다.

어떤 사람들은 처용의 아내가
결혼하기 전에 이미 부정한 관계를 맺고 있던 애인과
계속 그러는 거라고 주장했어요.
(당시로서는 그렇게 드문 일도 아니었지요)
그런가 하면 또 다른 사람들은
결혼 이후에 새로 애인을 만난 거라고 말하기도 했어요.

처용이 고통스러워하는 건 분명했어요.
때로 그의 번민은
가까이에서 그를 지켜보는 사람들마저
견디기 힘들 정도였어요.
이 고귀하고 강인한 정신의 사내는
깊은 내면적 갈등으로 고통받고 있었어요.

분명히 처용은 한편으로는 자기 아내에 대한 사랑과
또 한편으로는 의심이나 질투 같은
가장 천박하면서도 가장 강렬한 인간적 감정 사이에서
찢기고 있었어요.
처용은 그 갈등으로 완전히 탈진했을 거예요.
고결하고 강인한 성품 때문에 그의 고통은 더 심해졌어요.
그의 행동은 점점 더 기괴해졌어요.
서라벌 거리와 언덕을 방황하는 그의 모습이 점점 더 자주
사람들의 눈에 띄었어요.

마침내 그 운명적인 사건이 벌어지던 날 밤,
처용은
달빛이 흐르는 거리를 쏘다니다가
밤늦게서야 집에 돌아왔어요.

아내가 어떤 남자와 함께 누워 있는 것을
그는 보고야 말았지요.

자기를 괴롭히던 의심이 바로 눈앞에서 사실로 확인될 때
그의 심정이 어땠을까요?
그가 마주친 광경은 무엇이었을까요?

그것은 사랑의 현장이었을까요, 아니면
배신의 현장이었을까요?
끔찍했을까요, 아름다웠을까요?
고통스러웠을까요, 우스꽝스러웠을까요?
상스러웠을까요, 성스러웠을까요?
짐승 같았을까요, 인간다웠을까요?

수백, 아니 수천 가지 생각이 그의 마음속에 떠올랐겠지요.
그는 미쳐서 펄펄 뛸 수도 있었고,
칼을 빼 들어 그 두 인간을
난폭하게 찌르고 토막을 내버릴 수도 있었을 거예요.
아니면

어떤 서양 놀이판에 등장하는 못난 무사처럼
그 요망한 아내의 목을
맨손으로 졸라버릴 수도 있었겠지요.
그 무사는 자신의 못난 열정 때문에
주변의 사악한 인간이 쳐놓은 함정에
쉽게도 빠져버린 것이었지요.

그 육욕의 현장과 그로부터 생겨난 고통은
처용에게는 오히려 깨달음의 계기가 되었답니다.

번쩍하는 한순간, 그는

그토록 알고자 했던 모든 것을 알게 되었고,
너무나 오래 마음을 괴롭히던 모든 질문에
답을 할 수 있게 되었어요.

인간사를 짓누르고 있는
비참한 거짓과 무지를 꿰뚫어 보았던 거예요.

사랑이니 가족이니 하는 이름으로
우리 스스로 만들어 우리 자신에게 불러온
고통들,
그 감옥으로부터 탈출한 것이지요.
우리의 이기적인 집착이 어떻게
우리를 속이고 고통스럽게 하는지를 보았어요.
인간이 서로 사랑한다는 건
고양이가 쥐를 가지고 노는 것과 같다는 것,
우리는 남을 사랑함으로써 사랑에 실패한다는 것,
그리고
우리의 사랑에는 이미
배신이 뿌리 깊이 박혀 있다는 사실을
그는 깨달았어요.

내면의 빛과 함께 해방이 찾아왔어요.

저절로 입술이 벌어지면서
내면 깊숙한 곳에서 흘러나오는 어떤 가락이
소리를 내었어요.
팔과 다리가 그 소리의 박자를 따라 움직이기 시작했어요.
참을 수 없게 된 그는
집 밖으로 뛰쳐나와 길거리에서
큰 소리로 웃으며 노래를 부르고 춤을 추기 시작했어요.
이웃에 대한 소박한 연민과 사랑이 그를 감쌌어요.
그의 가슴은 희열에 넘쳤고,
몸은 너무나 가벼워서 새처럼 하늘로 날아오를 듯했지요.
사람들이 그의 주위에 몰려들었어요.

처음에는 어리둥절해하던 사람들은 곧
아무 말 없이
처용의 황홀한 기쁨을 이해했어요.
그들은 잠자코 바라보다가
그의 노래와 춤에 함께 어울렸어요.
그리고 그들은
처용의 기쁨, 자유, 그리고
이웃에 대한 사랑을 함께 나누었어요.

그날 밤 이후
처용에게 무슨 일이 일어났는지를 보여주는 기록은
아무것도 없답니다.
그는 단 한 마디도 남기지 않았거든요.
그의 노래와 춤만이
해방과 자유에 관한 유일한 메시지일 뿐이죠.
하지만

그날 밤의 특별한 사건을 서라벌 사람들은 기억했고, 그래서
그 노래와 춤은 이후에도 계속되었지요.

시간이 지나면서 그것들이 왜곡되기 시작한 건 어쩔 수 없는 일이겠지요. 처용의 위대한 깨달음은 대중의 세속적 소원과 맞물려 일개 신화로 타락하고 말았어요.

처용 아내의 애인은 실은 역신(疫神)인데, 그는 처용이 매우 점잖고 너그러운 성품을 지닌 인물이라는 말을 듣고 그를 시험해 보려 한 것이라는 주장이 사람들 사이에서 전해졌어요. 더 나아가 다른 어떤 주장에 따르면, 역신은 처용의 위엄에 너무나 감동을 받아 그에게 무릎을 꿇고 앞으로는 절대로 그를 괴롭히지 않겠노라고 맹세를 했다는 거예요.

게다가 사람들은 단지 처용의 노래와 춤을 흉내 내거나 그의 얼굴 그림을 걸어놓기만 해도 재앙을 면하고 복을 얻을 수 있다고 믿게 되었어요. 이런 행동들이 오랜 세월 동안 지속되었지요.

하지만 지금 보았듯, 이런 것들은 아무 근거도 없는 잘못된 생각이랍니다.

3장

여우 설화

사람이 되기 위하여

동물의 마성(魔性)에 관한 순수한 슬픔

전설에 따르면, 모든 동물은 사람이 되는 게 마지막 소원이었답니다. 건국신화인 단군 이야기도 그런 주제를 바탕으로 하고 있지요. 곰과 호랑이가 사람 되기를 갈망했다는 이야기 말이에요. 마침내 그들의 열정과 염원에 감동한 하늘님이 어떻게 하면 사람이 될 수 있는지를 알려 주었다는 거지요.

햇빛이 아예 들지 않는 곳에서 백 일 동안 오로지 마늘과 쑥만 먹으면서 살아야 한다는 그런 지시는 사람도 지키기가 거의 불가능할 텐데, 하물며 동물은 말할 것도 없지요.

호랑이는 그런 식사 규칙을 도저히 견딜 수가 없었지요. 그러다 결국 "정말이지 이건 모조리 미친 짓이야" 하고 화가 나서 중얼거리며 잔뜩 불만스러운 표정으로 동굴을 뛰쳐나오고 말았어요. 하지만 끈질긴 곰은 결국 초인적인, 아니 초동물적인 노력의 결과 아름다운 여인으로 변신하는 데 성공했어요. 여자가 남자보다 참을성이 더 많은 걸까요? 여하간 그녀는 천상의 존재로 살기보다는 사람으로 살기 위해 이 땅에 내려온 하늘님의 아들과 결혼을 하게 되지요. 둘 사이에 생긴 자식이 단군인데 그는 우리뿐만이 아니라, 모든 인류를 이롭게 하기 위해 나라를 세웠답니다.

이 곰을 본보기 삼아 사람 되기를 시도하는 동물에 관한 옛이야기는 수없이 많답니다. 그건 아마 모든 동물들에게 공통된 열망이었나 봐요. 우리 전설에 자주 등장하는 어떤 종류의 동물 이야기를 보면, 그것들은 특별히 뛰어난 재주를 가지고 있어요. 다른 나라의 전설에서도 동물들은 비슷한 역할을 하는 것 같아요. 자신을 다른 존재로 바꾸는 변신에서부터 순간적으로 사람을 홀리는 재주까지 엄청난 초자연적 힘을 지니고 있다고 믿어지지요.

동물들이 자기 수명을 훌쩍 넘겨 오래 살면, 더러 이런 능력을 발휘한다고 믿어졌지만, 그중에서도 여우는 아주 특별한 마력을 지닌 동물로 여겨져 왔어요. 우리의 여우는 일본의 너구리라든가 서양의 늑대 같은 동물과 비교해 생각하면 될 거예요.

놀라운 것은 동물들이 모두 사람이 되어 보려고 애를 쓰다가 한결같이 실패하고 만다는 점이에요. 그러니까 단군 이야기는 모범이라기보다는 하나의 예외인 셈이지요.

옛날에 사람이 되는 것이 유일한 마지막 소원이었던
암여우 한 마리가 살고 있었어요.
이 여우의 각오는 남달리 굳셌어요.
오로지 그 소망을 위해 여우는 백 년을 버티면서 살았어요.
백 년은 변신 능력을 발휘할 마법을 갖추기 위해서
꼭 필요한 기간이었거든요.

백 살이 되는 날,
여우는 사람으로 변신하는 데 성공했어요.

최소한 외모만은 그랬다는 말이에요.
겉모습만 봐서는 그것은 영락없는 사람,
그것도 아주 매력적인 소녀였어요.
하지만
그녀(라기보다는 '그것')는 안타깝게도
진짜 사람이 되려면 아직 멀었다는 걸 알았어요.
정신적, 영적인 의미에서의 사람이 된다는 건
이루 말할 수 없이 어려운 일이었지요.
내적으로는 그는 아직 여우였습니다.

여우는 각오를 단단히 하고
기어코 사람이 되려는 야망을 버리지 않았어요.

어떻게 하면
마음속까지 사람이 될 수 있는지 가르쳐 달라고
부처님께 백 일 동안 기도를 드렸어요.

백일째 되는 날,
부처님이 완전한 사람이 되는 비밀을 말씀해 주셨어요.

첫째,
자기 목숨보다 더 사랑하고 품어주는
누군가의 진정한 사랑이 필요하다.
둘째,
사람 세상에서 삼 년 동안
진짜 사람인 것처럼 속이고 사는 데에
성공해야 한다.
실패하면 즉시 죽게 되어
다시는 동물로도 돌아오지 못할 것이다.

다행히 여우는
그에게 홀딱 빠진
한 가난한 나무꾼을 만났어요.

나무꾼은 여우를 집으로 데려가 결혼을 했어요.
이것으로 일단 첫 번째의 관문을 통과한 셈이었지요.
그런데
두 번째 조건은 더 힘들다는 걸 알게 되었답니다.

사람으로 외모를 바꾸고
자기의 육체적 아름다움을 사랑해 줄
누군가를 만나는 건 오히려 쉬운 일이었어요.
하지만
인간 사회의 일원으로 인정받고
그 안에서 살아간다는 건
끝없는 가시밭길이라 해도 전혀 과장이 아니었어요.

우선 식사 문제부터 볼까요?

여자 안에 도사리고 있는 여우의 입장에서는,
보통 농부들이 먹는
보리와 쌀이 섞인 밥이나 절인 채소, 된장국 같은
채식 밥상이 도저히 입에 맞지 않았지요.
그건 단순히 배고픔과 싸운다든가,
남에게 들킬까 두려워하면서
몰래 뭔가를 게걸스럽게 먹어 치운다든가 하는
문제가 아니었어요.
진짜 고통은
여우에게는 정말 역겹기만 한 모든 음식을
여느 가정주부답게
기쁨과 감사의 마음으로 먹어야 한다는 거였어요.
그러니 이 가련한 생명에게는 먹는 음식마다
그저 고통일 수밖에요.

더욱 힘든 건 여자가 지켜야 할
복잡하고 엄격한 예의범절에 따라
바르게 행동하는 것이었어요.

전통적인 대가족 아래서는 보통 삼대가 함께 사는 데다,
시시때때로 찾아오는 친척들도 있고,
아예 들러붙어 사는 군식구들까지 있었지요.
게다가 수없이 많은 역할들이 있었어요.
이를테면,

효성스러운 며느리이면서 손주며느리인 데다,
사랑스럽고 품위 있는 아내이면서
집안 살림을 꾸리는 훌륭한 주부의 역할까지
-여우가 사람이 되려면 이 모든 걸 해내야 했고,
그건 거의 불가능한 일이었지요.
따뜻한 엄마이면서 자애로운 올케여야 했고,
찾아오는 모든 손님에게는 친절한 안주인이어야 했으며,
착한 이모, 고모, 기타 등등이어야 했어요.

그녀가 해내야 할 역할의 목록은 한도 끝도 없었어요.

하지만 이 모든 어려움은,
자신의 동물적 감정과 행동을 억누르고
정숙한 부인처럼 행동해야 하는 마지막 시련에 비하면
아무것도 아니었어요.

자기 남편에게 추파를 던지는
이웃집 계집을
그냥 찢어 죽이고 싶은
본능적 충동이 솟구칠 때,
여우는
이웃 여자의 아름다움을 칭찬할 수 있을 만큼
넘치는 우아함을 배워야 했어요.

사사건건 잘못을 들춰내려는 시누이를
콱 물어뜯고 싶었지만,
친절하게 웃으면서
시누이를 대하는 법을 배워야 했어요.

결국 여우는
그 순수함과 선량함,
그 소박한 염원에도 불구하고
비참한 최후를 맞이했어요.

사람들에게 정체가 드러나서
모든 희망이 한 순간에 산산이 깨지고 말았던 거예요.
이제 끝장이란 걸 암여우는 알았어요.
이미 정해진 규칙대로,
완전한 사람이 되는 데 실패하면 죽을 수밖에 없었거든요.

식구들이나 마을 사람들에게
복수하는 길을 택하지 않고
여우는
조용히 그의 죽음을 맞았답니다.

전반적으로 이 이야기는, 시어머니의 까탈스러움이나 수다스러운 마을 여자들의 의심 같은 악감정들이 어떻게 순수한 한 생명을 파괴하는지를 보여주면서, 여우가 겪은 숱한 시련과 불운을 설명하고 있지요. 하지만 여우가 죽게 된 진짜 원인은 동물적 본성과 사람으로 살려고 했던 불운한 욕망 사이의 근본적 갈등에 있는 게 확실해요.

이런 류의 우리 옛이야기는 아주 많답니다. 때로는 뱀, 물고기, 또는 지네까지 간절하게 사람이 되고 싶어 한답니다.

그들은 언제나 동물적 본성과 인간 사회에서 살아야 한다는 요구 사이에서 갈등을 느끼고, 그 길 위에 놓인 엄청난 장벽을 넘지 못해 실패하곤 하지요. 그런데 이 불행한 생명들은 언제나 암컷이에요. 옛이야기에서 발견되는 자기 자신이 아닌 다른 무엇이 되려 하거나 혹은 초세속적인 목표를 향한 염원을 세우거나 하는 등의 헛된 욕망은, 동물이나 인간을 가릴 것 없이 남성보다는 여성에게 두드러지게 나타납니다. 이 점에 관해서는 현대의 학자들이 잘 정리해 주길 기대합니다.

또한 많은 학자들은 이런 이야기들이 우리 전근대 시대의 토테미즘, 즉 인간과 동물을 연속되고 통일된 것으로 보는 사고의 표현이라고 하는 것 같은데, 동의하기 어려워요. 그 이야기들은 정반대의 방향, 즉 인간과 동물

사이의 근본적으로 넘을 수 없는 공백을 가리키고 있는 듯해요. 같은 이유에서, 사람이 지켜야 할 적절한 행동을 묘사함으로써 인간성의 개념을 가르치는 건 아닐까요?

이념적 갈등은 끝났다고 하는데도 현대 문명은 여전히 많은 위기에 직면하고 있지요. 예컨대 과학 기술의 비대화, 생활 환경의 파괴, 부족적(部族的) 민족주의 같은 거 말이에요. 하지만 갈등의 진정한 원인은 어딘가 다른 데 있을 거여요.

이 이야기가 보여 주듯이, 겉으로는 완벽하게 정상적인 사람처럼 보이지만 얼마나 많은 우리가 실은 여우거나, 늑대거나, 뱀이거나, 물고기 또는 지네인지 - 우리는 아마 그걸 모르는 게 아닐까요?

4장

주몽(朱蒙)과 유리(琉璃) 설화

아버지를 찾아서

결핍과 신비를 품은 칼의 반쪽

꿈은 언제나 신비롭지요.

꿈은 아마 근본적으로 알 수 없는 우리 자신의 심오한 깊이를 드러내는 것일지도 모르겠어요.

유리(琉璃)는 몇 가지 꿈을 반복해서 꾸곤 했어요. 그중 하나는 이상한 동물들이 많이 살고 있는 무척 넓은 바다와 연관된 꿈이었어요. 꿈속에서 유리는,

텅 빈 허공을 휘젓는 바다를 바라보며 해변에 서 있어요. 바닷물이 갑자기 부글부글 끓어오르더니 엄청난 해일이 솟구쳐 밀려들기 시작해요. 유리는 눈앞에 닥친 재앙에서 자신을 구해 줄 어떤 말이나 행동을 애타게 찾지요. 하지만 소용이 없어요. 산더미 같은 파도에 휩쓸려 속절없이 숨이 막히고 물을 들이킬 수밖에요. 어마어마한 파도가 그를 때리고 삼켜버립니다. 젊은 유리는 홀로 공포에 떨며 눈멀고 귀 먼 상태로 어둠 속에 버려져 있어요.

꿈에서 깨어난 뒤에도 그는 여전히 몸부림치고 비명을 지르곤 했어요. 마음이 진정되면, 이건 그냥 꿈일 뿐이라고 스스로를 달랬어요.

사실은 잠을 자는 동안에도 그게 꿈이라는 걸 알고는 있었지요. 하지만 그 기억의 공포에서 벗어날 수는 없었어요.

유리에게 외로움은 낯선 것이 아니었어요.
그의 삶에는 뭔가가 빠져 있었지요.
바로 아버지의 존재 말이에요.
크고 깊은 틈이 유리와 아버지 사이를 갈라놓았어요.
어떻게 이 틈새를 이을 수 있을지,
그 단서는 아버지가 유리에게 풀어 보라고 남긴
수수께끼 같은 말 속에 들어 있었어요.

"소나무 아래, 일곱 번째 계곡, 일곱 번째 나무."

유리 아버지의 일생은 신비에 싸여 있었어요.
그도 자신의 아버지가 누군지 몰랐고,
한평생 그 문제와 씨름해야 했어요.
그래서 그는 자기 아들에게도
그런 알쏭달쏭한 말을 풀어 보라고 남겼을 거예요.

유리의 어머니는 아들이
아버지가 누군지 어디에 있는지
신경 쓰지 않도록 애를 썼어요.
그런 고민 뒤에는 으레
고통과 허망함이 뒤따를 거라는 걸 알고 있었거든요.

아들이 괴로워하는 걸 알고 유리의 어머니는
그의 우울한 마음을 달래주려고 노력했어요.
그건 어느 정도 성공을 했지요.

많은 부인네들처럼 현명하기 이를 데 없는 그녀는,
젊은 유리가 쓸데없는 문제에는 관심을 끊고
그 대신
뭔가 좀 더 신나고 유쾌한 일에 재미를 붙이게 해서
그 심란한 마음을 가라앉게 하도록 애를 썼지요.
하지만 어느 날,

그동안의 온갖 계책이나
부적(符籍)도,
보살핌도,
꼼수도
완전히 수포로 돌아가고 말았어요.

아버지를 찾고자 하는 유리의 억누를 수 없는 열망을
더 이상 막을 수는 없게 된 것이지요.

모든 것은,
우리 인생의 사건들이 대부분 그렇듯,
우연히 일어났어요.
사소한 사고에서 시작되었지만,
그 뒤에 벌어진 일들은
그런 우연이 없었어도
어차피 어떤 식으로든 일어날 수밖에 없었지요.

유리는 자기 아버지처럼 활쏘기의 명수였어요.

어느 날 그는
높은 나뭇가지에 앉아 있는 새 한 마리를 겨눠
활을 쏘았어요.
화살은 과녁을 비껴 엉뚱한 곳으로 날아갔어요.
어떤 동네 아낙이 머리에 이고 가는 물동이에
화살이 꽂히고 말았습니다.
깜짝 놀라 넘어지며 몸에 물을 뒤집어쓴 그 여자는
경멸하는 표정으로 유리를 보면서 소리를 질러댔어요.

"그렇지, 뭐. 애비 없는 자식에게 뭘 바라겠냐!"

그 잔인한 말이 소년의 가슴을 비수처럼 찔렀어요.

너무 당황하여 말문이 막힌 유리는 그 자리에 선 채,
그녀가 사라져 안 보일 때까지
멍하니 그녀의 등만 바라보고 있었어요.

"내 아버지는 누구지?"
"나는 누구지?"

유리는 알 수가 없었어요.

유리는 어머니에게 직접 물어보려고
급히 집으로 향했어요.

격렬한 감정으로 창백해진 아들을 본 순간 어머니는,
유리에게 아버지를 찾지 않도록 해 봤자
소용없다는 걸 깨달았어요.
더 이상 아들에게
일상의 즐거움과 안락함을 즐기라고 할 수도 없었고,
여느 남자와 여자들처럼 평범한 행복에 안주해 보라고
타이를 수도 없었어요.
그 순간 유리 어머니에게는 오만가지 생각이 다 들었어요.

사람이 자신의 뿌리를 찾아다닌다는 건
허망하고 불안하기 이를 데 없는 일이며,
결국은
잃어버린 부모를 만날 수 없다는 무력감 때문에
큰 절망과 숨 막히는 좌절감을 피할 수 없는 것이라고
그녀는 생각했어요.

하느님의 유일한 아들이었던 그분마저도 아버지를 찾아서
한평생을 다 바치지 않았던가, 그 아들은 아버지의 말씀을
이웃 인간들에게 전하지 않았던가, 그런 그분조차 적어도
한 번은 아버지에게,
왜 나를 버리시느냐고
울부짖으며 절망 속에서 손을 놓아버리지 않았던가
하는 생각들이었어요.

아버지가 남긴 말의 뜻을 찾다가 제 손으로 엄청난 파괴를 불러일으킨 어떤 먼 나라의 유명한 왕자의 전설도 떠올랐어요. 그 왕자는 자기 애인과 어머니를 비롯해 수많은 사람들이 죽거나 죽임을 당하는 끔찍한 재앙을 그 나라에 불러왔지요. 죽은 사람 중에는 어쩌다가 왕좌에 앉게 된 그의 삼촌도 있었고요.

하지만 유리 어머니는 그런 이치를 유리에게 설명해 봤자
아무 소용이 없다는 걸 알았어요.
그는 이성을 넘어선 열망,
그 어떤 쾌락보다도 더 급한 욕구에
사로잡혀 있었거든요.
그래서 최대한 침착하게 그녀는
유리에게 아버지의 이야기를 해 주었어요.

유리의 아버지는
그 일대에서 가장 강력한 제국인 고구려를 건국한
통치자였어요.
그의 이름은 주몽(朱蒙)이고,
그 역시 자신의 내력을 몰랐어요.

그는 커다란 알에서 태어났다는 말까지 있었어요.
사생아이며 고아이긴 했지만,
주몽은 왕의 눈에 띄어
왕의 자식들과 함께 왕궁에서 자랐어요.
그렇게 자랐음에도, 아니면 그렇게 자랐기 때문에
주몽의 어린 시절은 순탄치 않았어요.

그의 어려움은 그가
말타기며, 달리기, 씨름, 활쏘기, 검술 등
실로 모든 무술의 기량에서
왕자들을 포함해 주위의 모든 소년들 가운데
가장 뛰어났다는 사실에 있었어요.
그가 동료들의 선망과 동경 그리고
때로는 질투의 대상이 된 건
당연한 일이었지요.
그를 싫어했던 사람들 가운데는 왕의 아들들도 있었어요.

그 나라에서 가장 빛나는 미인이
주몽의 아이를 배었다는 것을 알게 되었을 때
그들의 질투심은 폭발하고 말았어요.
그녀는 귀족 청년들의 선망의 대상이었거든요.
왕의 장남도 그녀의 손길을 갈망하고 있었어요.

나라 안에 제일가는 여인이
그들 중 가장 친한 작자의 애인이 되었다는 걸 알고
왕자와 그 친구들의 분노는 극에 달했지요.

주몽은 왕자와 그 친구들이
자기를 해치려는 계획을 세우고 있다는 걸
가까운 사람들로부터 들었어요.
임신한 애인과 태어나지 않은 아이를 남겨두고
그는 급히 나라 밖으로 피신해야 했지요.
떠나면서 그가 남긴 말은
동쪽으로 간다는 것뿐이었어요.
거기서 그는 자기의 나라를 세울 작정이었어요.

주몽의 아들은
주몽이 떠나면서 마치 남에게 주는 작별 선물처럼 남긴
수수께끼의 뜻을 풀은 뒤에야
그를 만날 수 있을 것이었지요.

"소나무 아래, 일곱 번째 계곡, 일곱 번째 나무."

태어날 아이가 남자아이라면
이 수수께끼를 풀고
그 징표를 갖고 자기를 찾아오라
는 말을 남긴 것이었습니다.

어머니가 이야기를 다 끝내기도 전에,
유리는 굳게 결심했어요.
아버지를 찾는 힘든 여행에 나서야겠다고.

이제 아버지에 대해 어느 정도는 알게 되었지만
그의 존재는 더욱더 모호하기만 했지요.
그리고 모호한 그만큼
그들을 갈라놓은 거리도 멀었지요.
주몽은 왜
그렇게 이상하고 비밀스러운 암호를
그 길에 깔아놓는 방법을 택했을까요?

유리는 불안하고 초조했어요.

이야기를 마친 어머니는
연민, 동정, 그리고 한스러움과 함께
일종의 자부심도 뒤섞인 복잡한 감정으로
아들을 바라보았어요.

날이 가고,

달이 가고,

해가 가도록

유리는 아버지가 남긴 수수께끼의 답을 찾기 위해

온 계곡과 언덕, 산들을 뒤지고 다녔어요.

날이 저물면
몸과 마음이 기진맥진한 상태로 집으로 돌아오곤 했지요.
채 성인이 되기도 전에 늙어가는 것 같았어요.

점점 말이 없어지고
어머니가 뭘 물어도 자주 대답을 못하곤 했어요.
언제나 마음이 어디 다른 곳을 헤매고 있는 듯했어요.
밤마다 유리는 완전히 지쳐서 잠에 곯아떨어졌지만,
잠이 그의 고통을 덜어주지는 않았어요.
오히려

무시무시한 바다와 황야를 헤매는 악몽에
시달리곤 했어요.

꿈은

그가 이 세상에서 버려졌고

아무하고도 소통할 수 없다는 걸 말해 줄 뿐이었지요.

그런 허망함보다 더 나쁜,
정말 그를 미치게 만드는 건
가끔 생생하게 느껴지는 어떤 신호들이었어요.
무슨 실마리나 색깔, 형상, 말,
심지어는
아버지의 목소리 같은 게 주위를 감싸고 있는 듯했지만,
늘 알쏭달쏭 감질나게 맴돌고만 있는 거예요.

유리는 언젠가 주먹으로 땅을 치면서 울부짖었어요.

"아버지, 왜 나를 버리십니까?"

그 수수께끼는
뭔가 불가능한 시험이나 시련, 즉
뗄래야 뗄 수 없는 관계로 묶인 사람들 또는,
서로 견디기 힘든
무거운 책임과 기대를 진 사람들 사이에서
오히려
진정한 소통이 얼마나 어려운지를 가르치는
잔인한 교훈 같은 것이었을까요?

수수께끼의 해답은,
삶의 모든 것이 그렇듯,
바로 등잔 밑에 있었어요.

비가 엄청 쏟아지는 어느 날 아침,
유리는 집을 나설 준비를 하고 있었어요.
문간에서 비가 그치기를 기다리고 있다가
문득
처마 밑으로 떨어지는 빗방울을 보게 되었어요.
각각의 처마는 기둥 하나가 받치고 있었는데,
기둥은 모두 일곱 개였고,
모두 소나무로 만들어져 있었어요.
순간

유리의 머릿속에서 번쩍하는 깨달음이 일어났어요.

유리는 일곱 번째 기둥으로 달려가
그 아래를 파 보았어요.
손에 뭔가 딱딱하고 날카로운 것이 느껴졌지요.

그건 부러진 칼의 반쪽이었어요.

유리는 그 물건을 오랫동안 주의 깊게 바라보았어요.

이게 아버지의 징표일까? 이게 아버지를 만날 수 있는 열쇠일까?

낡은 칼은 녹슬고 먼지로 덮여 있었지만, 원래의 날카로움을 아직 간직하고 있었어요. 여전히 사람을 해치고 상처를 입히거나 죽일 수도 있었어요. 이 칼이 나의 뿌리를 찾는 데에 결정적인 고리라는 걸 어떻게 증명하지? 이게 정말 나의 정체와 미래를 알려주는 단서일까? 이건 헤어진 아버지와 아들 사이를 이어주는 끈이 끊어졌음을 상징하는 게 아닐까? 아니면 깨어진 가정의 상징일까? 부러진 칼의 두 조각이 맞추어지면 아버지를 마침내 찾게 되는 것일까? 아니면 이건 내가 쉽게 찾을 수 있을 거라고 생각하고 남긴 그의 귀중품에 불과한 것인가?

무엇보다 유리는 그동안 자기가 찾아 헤매고 집요하게 매달렸던 문제 하나를 끝냈을 뿐이라는 걸 깨달았어요. 해답은 바로 자기 눈앞에 있었건만, 그걸 보지 못했을 따름이지요.

이제 그는 또 다른 문제, 즉 자신의 운명을 찾는 출발점에 서게 되었어요. 자기의 뿌리가 무엇이든 아버지가 남긴 징표의 신비가 무엇이든 간에, 이제 그가 해야 할 일은 이 세상에서 자기만의 장소를 찾아내는 것이었어요. 이것이야말로 아버지를 찾는 일과는 별도로 유리 자신이 해내야 할 새로운 문제였어요.

5장

지귀((志鬼) 설화

빛 없는 불

단 한번 눈길에 부서진 영혼

지귀(志鬼)의 비극적인 삶에 관한 기록들에는 주로 마지막에 일어난 사건의 자질구레한 내용들을 둘러싸고 벌어진 여러 주장으로 인해 서로 어긋나는 내용들이 많지요. 하지만 기본적인 사실은 이렇답니다.

신라 왕국의 27대 군주로 서기 632년에 즉위하여 15년간 재위했던 선덕여왕(善德女王) 시대에 지귀라는 농부가 있었어요. 그는 여왕한테 홀딱 반해서 여왕의 이름을 중얼거리고 때로는 울부짖으면서 그녀가 가는 곳마다 따라다녔다고 해요. 일은 물론이고 살림도 팽개치고 침식(寢食)도 아예 잊은 채 그랬답니다.

하루는 여왕이 절에 기도를 드리러 행차했는데, 그 농부도 거기 따라갔어요. 절 문 앞에서 여왕을 기다리다가 그는 깜박 잠이 들었어요. 절을 나오던 여왕은 문 앞에서 잠을 자고 있는 꾀죄죄한 남자를 보고 누구냐고 물었지요. 여왕도 자기가 가는 곳마다 따라다니는 사람을 눈여겨 본 일이 있었겠지요. 신하들은 여왕이 하도 끈질기게 물어보니까 사실대로 말할 수밖에 없었어요. 그러자 여왕은 자기 손목에서 팔찌를 빼서 잠자는 그에게 주라는 분부를 내렸어요. 어수선한 잠에서 깨어난 지귀는 팔찌를 발견했고, 여왕께서 손수 그걸 하사하셨다는 이야기를 주위 사람들한테서 들었어요. 그러자 갑자기 지귀의 몸 안에서 불이 붙기 시작했어요.

그는 불길과 연기를 들이마셨고 곧바로 화염에 휩싸

였어요. 그는 금세 불에 타서 숨을 거두었대요. 팔찌를 손에 꼭 움켜쥔 채로 말이에요.

이 이야기를 들은 여왕은 그 죽은 사내의 부서진 영혼을 달래기 위한 노래를 만들었답니다. 그 노래는 아직까지 남아 있지요.

그로부터 천오백 년쯤 뒤에, 지귀를 가련하게 여긴 어떤 사람이 지귀가 직접 제 입으로 말하는 이야기에 귀를 기울여 보려는 마음을 내었어요.

이런 이야기였대요.

사람들은 나를 보고 미쳤다고 했지.
나한테서 시시껍절한 소문거리나 찾으려 드는 인간들에게
나는 그저 우스개 농담거리일 뿐이라는 걸
난 알고 있었어.

나를 이해해 주고 내 이야기를 들어줄 사람은
여왕 말고는 아무도 없었지.

모두들 내가 여왕을 깊이 사모했고
내 죽음은 나의 그런 열정을 보여주는 거리고 믿었지.
앞으로도 오랫동안 사람들은 나에 대해서,
그리고
그때 일어난 일에 대해서 그렇게 생각하겠지.
나는 내 감정이나 생각을,
설령 귀 기울여 들어줄 사람이 있다고 해도,
누군가에게 전할 준비는 전혀 하지 않았다구.
어쨌거나,
그 많은 사람들 가운데
우리 인간 존재의 가장 기본적인 사실에
눈과 마음이 열려 있는 사람은 과연 몇이나 될까?
나의 동료이자 이웃인 대부분의 사람들에게 내 이야기는
신비스러울 정도로 기이한,
무슨 도술(道術) 이야기 같은 걸로 들리겠지.
그래,
나도 한때는 말하자면
제대로 점잖게 살아가는 많은 사람들 가운데 하나였다구.

이른바 '학식(學識)'이라고 할 만한 건
머릿속에 아예 들어 있지 않고,
가슴 속에서 부글부글 끓는 게 뭔지
남에게 설명할 재간도 없는 가난한 농부였을 뿐이지만.
먹여 살려야 할 식구들을 주렁주렁 거느린 채,
손바닥만 한 땅뙈기를 가꾸면서
간신히 입에 풀칠이나 하는 것에도 허리가 휠 지경이니
내 자신에 대해 생각할 시간 같은 게 있을 리가 없지.
우리의 모든 날들은 남들과 꼭 같았고,
우리 모두는 남들과 꼭 같았어.
우리는 우리 주변, 즉 들판, 언덕, 강, 산 그리고
거기 사는 동물들과 뗄래야 뗄 수 없는 존재들이지.
남자든 여자든 먼지와 흙으로 만들어진 우리는
정해진 시간이 되면,
한 걸음 한 걸음씩 조만간
똑같은 먼지와 흙으로 되돌아갈 운명이었지.
그러던 어느 날,
마치 가슴에 번개가 치듯
모든 걸 뒤바꾸는 깨달음이 내게 일어났어.

불,

어둡고 뜨거운 불 - 인간을 만든 본질이자 실체인 그것.

하루의 힘든 노동을 마치고 뼛속까지 피곤에 절어서
느릿느릿 집으로 돌아오던 어느 날,
나는 내 몸 안쪽 깊숙한 곳에서 어떤 뜨거운 것이
처음에는 배,
그다음엔 가슴,
마지막엔 머리로
솟구치는 걸 느꼈어.
몸 안에서 불길이 치솟아 오르는 느낌에 나는 비틀거렸어.
숨이 턱턱 막히고 목과 입, 입술이 불에 타는 듯하면서
뜨거운 열기가 밖으로 뿜어져 나왔어.
날이 어두웠다면 사람들은
내가 들이쉬고 내쉬는 불을 볼 수 있었을 거야.
그런데 그 불과 함께 하루의 피로가 순식간에
확 풀리는 거야.
온종일 힘든 노동으로 어깨를 내리누르던 묵직한 느낌이
한순간에 눈 녹듯 사라지고,
그 대신 내 안에서 어떤 희열과 힘이 솟아나는 걸 느꼈어.

땅에 꽁꽁 묶여 있던 몸이 공중으로 떠오르는 듯했어.
이런 힘이라면 무엇이든 할 수 있겠다는 느낌이 들었어.
다만 뭘 해야 할지를 몰랐지.

그건 아주 짧은 순간이었어.

불은 일어날 때처럼 빨리 사라졌어.
하지만 바로 거기서 그때,
내 안에서 서서히 타고 있을 이 불에 의해
어느 날엔가는
내가 깨끗이 사라져 버릴 거라는 걸
깨달았어.
그리고 아마,
나를 둘러싸고 있는 이 세상 전체도 함께.

그건 아주 짧은 순간적인 경험이었지.

그 뒤로 나는 마음을 가다듬고
전과 다름없이 일상을 이어갔어.
적어도 겉으로는 말이야.
하지만

그때부터 나는 속으로는 완전히 다른 사람이 되었지.
나는 이제 더 이상 보통의 여느 촌 농사꾼이 아니었어.

날이 가면 갈수록 나는 점점 더 초조해지기 시작했어.
익숙한 주변의 참기 힘든 광경들,
판에 박힌 나날의 농사일,
이런 것들이 한없이 지루해지고
가끔은 나를 완전히 미치게 만들곤 했어.
지난번과 똑같은 경험을 할까 봐 두려운 마음 반, 하지만
한편으로는 그걸 기다리는 마음 반,
내 마음속은 그렇게 불안하고 쉴 날이 없었어.
같은 일이 다시 일어나지 않아도,
나는 금방이라도 폭발할 수 있는 휴화산처럼
내 안에서 우르릉거리며 들끓는 소리를
느낄 수 있었지.
때로는 평범한 삶의 평화를 갈망하기도 했고,
일상이 주는
포근한 자유, 안락, 안정 같은
이전의 내 모습을 다시 찾으려고 노력도 해 보았어.

하지만 종종
나의 존재를 휘어잡고 간단히 제압해 버리는
그 어마어마한 빛 없는 어두운 불을 마주하견
나의 그런 노력은 얼마나 연약했는지.

여전히 겉으로는
근근이 먹고 사는 무식한 농부 그대로였어. 하지만
그 평온한 표면 바로 아래서는
뜨거운 태풍의 격렬한 움직임이 미친 듯이 날뛰고 있었지.
나는 어쩌면 권력에 맞서서
나라의 지배 질서를 뒤엎어 버리는
흉포한 도적 떼의 두목이 되었을 수도 있었겠지. 아니면
격렬한 사랑 이야기의 주인공이 되었을지도 모르지.
하지만 그 어느 것도
내 안의 열기를 식히고 가라앉히기에는
적절치 않았을 거야.

밝은 기색이라곤 아예 없는 칠흑같이 캄캄한 불의 열기,
그 느낌이 얼마나 끔찍한지!

태워 버릴 어떤 것도 없이
그 불은 그렇게 거기에 있는 거야.
때때로 나는 뭘 어떻게 해야 할지
갈팡질팡 허둥거리면서
일손도 놓고 먹지도 않고 잠도 안 자기 시작했어.

앞으로 수천 년 동안 지속될
이야기를 만들어 낸 그 사건이 일어나기 전에,
이미 나는
기괴하고 꾀죄죄한 모습을 보이고 있었지.
그 운명적인 만남이라고 할 그 사건이 있기 전에,
사람들은 이미 나를
이상한 눈으로 바라보고 있었다는 말이지.
그래,
그건 아주 편안한 일이었지만 한편,
새로운 고통의 시작이기도 했어.

내가 치러야 할 고통을
겪어 보지 못한 사람들,
뻔한 일상생활의 안락함 밖으로
나가 보지 못한 인간들은 나중에

내가 그 여인한테 한눈에 반해서
그녀를 사랑하게 되었다는 소문을 만들어냈지.

그녀가 아름다웠다고?
그렇다면,
한 사내가 정상적인 자아를 벗어던지고
미쳐 버리게까지 하는 아름다움이란 대체 무엇일까?
솔직히 말해,
나는 여왕이 어떻게 생겼는지 자세히 몰라.
가까이에서 직접 얼굴을 맞대고 만났다면
알아볼 수도 있겠지만,
미친 듯이 그녀를 따라다니는 동안에도
그녀가 어떻게 생겼는지 전혀 기억하지 못했어.

때로는 상상 속에서 그녀의 얼굴을 그려 보려 했지만
아무 소용이 없었지.
가장 잘 기억할 수 있는 건
그녀가 입었던 옷의 색깔, 즉
가벼운 초록색, 그것뿐이었지.
그녀를 눈앞에 떠올릴 때마다 그나마 내 눈에 보이는 건,
그녀가 나타날 때면 늘 그랬듯이,
구름이나 안개 덩어리 같은 거였어.

가끔 그녀를 흘낏 볼 수는 있었지.
아니,
전체가 아니라 아주 작은 부분 말이야.
어떤 경우든 아주 짧은 순간의 만남이었지만.
여왕의 행차는
우리 같은 평민이나 농민들이 길 양쪽에 무릎을 꿇고
머리를 숙이고 있는 한 가운데를 지나가는 거지.
난 아직도 내가 왜 그랬는지를 모르겠어.

그건 내 전생의 일부,
영원히 뻗어 있는 무한한 시간 저쪽에서 시작된
나의 전생에 뿌리박힌 '업(業)'의 결과였을까?
아니면 단지 호기심이었을까?
어떤 경우든 간에,
내가 살그머니 머리를 들어 여왕의 행차를 잠깐
바라보았을 때,
여왕도 그 순간에 가마 밖을 바라보았어.

바로 그 찰나,
아마 한 호흡도 안 될 그 순간,

나는 그녀를 보았고 그녀의 눈도 나를 포착했어.

나는 이렇게 생각했어.

그녀의 입술이 가볍게 움직였고, 이어서
어깨높이로 들어 올린 한 손에서
그녀의 가늘고 하얀 손가락들이 희미하게 움직였다고.
그게 전부야.

그녀가 웃었던가,
아니 찡그렸던가?
그건 잘 모르겠어. 하지만
그녀가 내게 전하는 말이
번개처럼 나를 치고 내 안에서 폭발했어.
바로 그 순간
나의 유일한 구원의 기회가 거기 있다는 걸
나는 깨달았지.
오직 그녀만이 나의 고통스러운 영혼을 구제할 수 있었어.

나는 그녀의 작은 그 몸짓에서
보통의 생명들은 좀처럼 알아차릴 수 없는 것, 즉
수천수만 년에 걸쳐 쌓여온
인간 존재의 고통과 번뇌를 모두 가라앉힌
지혜와 깨달음을 간파할 수 있었어.

인간적 갈등의 모든 어리석음이
완전히 구원받고
진리의 빛 아래 드러나는 신비로운 극적 장면이자,
영원한 연꽃의 기적 같은
개화(開花),
최상의 역설(逆說),
궁극적 초월의 순간이었지.

만일 내가 그녀에게 조금만 더 가까이 가서,
그녀를 제대로 바라보고,
특히 그 눈을 볼 수 있었다면, 나는
그녀가 분명하고 확실하게 보여주는 깨달음을
그만큼 많이 나눌 수 있었겠지.
그러면 나는 그토록 오랫동안 얻을 수 없었던
내 마음의 평온을 되찾을 수 있었을 거야.

나는 절망에 빠졌어.

나는 그녀가 가는 곳이면 어디든 뒤따라 가면서
내가 뭘 하는지도 모르는 채
때로는 그녀의 이름을 부르기도 했어.

나는 완전히 정신을 잃고,
먹고 자는 것도 잊어 버렸어.
어떤 사람들은 나를 비웃고
또 다른 사람들은 불쌍하게 여기기도 했지.
하지만 감히 말하건대,
아무도 나를 이해하지 못했고
또 앞으로 오랜 세월이 지나도 이해하지 못할 거야.

사람들이 내 사건을 그저
육체와 감각의 문제로 받아들일 거라는 걸
나는 알고 있었지.
어쨌거나
나는 그런 일에는 신경 쓰지 않았어.
단지 나를 압도하고 있는 이 충동 말고는.

이윽고,
고뇌가 그렇게 다가왔듯이,
깨달음의 날도 갑자기 찾아왔지.

나는 여왕이 기도하러 절로 행차한 곳을 따라갔지.

여왕이 나오기를 기다리는 동안
절 문 앞에서 나는 꼬박 잠이 들었던 모양이야.
지친 몸을 따라 마음이 먼지와 재로 덮인 미로를 지나,
주춤거리며 평소의 어수선한 잠으로부터 빠져나올 때,
내 몸에 평소와는 다른 어떤 것,
무게가 있긴 했지만 그보다는 빛이 나는,
가벼운
무언가가 느껴졌어.

사람들은 내 주위에 몰려들어,
잠에서 깨어난 내가
가슴 위에 놓인 신기한 물건을 손에 꼭 움켜쥐는 동안
그 모든 걸 줄곧 뚫어져라 지켜보고 있었지.
그래,
여왕이 내게 남긴 눈부시게 빛나는
황금 팔찌가 거기에 있었지.

사람들은 흥분해서 서로 앞다투어
내게 그 이야기를 해 주려 했어.
하지만 그들 중 어느 누가
여왕과 나 사이에 오간 그 말 없는 말을 이해했을까?

그것은 금으로 만든 단순한 장신구가 아니었지.
내가 그토록 오랫동안 절망 속에 찾아 헤매던
그 빛이 거기에 있었어.

불길이 서서히 내 안에서 피어오르기 시작했어.
나를 평온하게,
차갑게 식혀주는

불.

그 불 속에서 사라져 가면서 나는
마침내 내가
차갑게,
자유로워지는 걸 느끼며

깊은숨을 들이마셨지.

東京明期月良

夜入伊遊行如可

入良沙寢矣見昆

脚烏伊四是良羅

二兮隱吾下於叱古

二兮隱誰支下焉古

本矣吾下是如馬於隱

奪叱良乙何如爲理古

시볼 불긔 드래

밤드리 노니다가

드러사 자리 보곤

가르리 네히어라

둘흔 내 해엇고

둘흔 뉘 해언고

본딕 내 해다마른

아사눌 엇디 ᄒ릿고

역자후기

 나에게 가장 반갑고 고마운 사람은 내가 잘 몰랐던 걸 알려 주거나 잘 안다고 생각했던 걸 전혀 다르게 말해 주는 사람이다. 멀리는 부처님이나 예수님을 비롯해 동서고금의 위대한 사상가와 예술가들이 그렇고, 가까이는 나의 오랜 벗들 중에도 그런 이들이 있다. 하기야 마음과 귀가 열려 있기만 하면, 공자님 말마따나 '셋이 길을 가도 내 스승이 있기 마련[三人行必有我師]'이니 세상천지는 스승으로 가득 찼다 하겠다.

 실제 현실이 그렇다면 얼마나 좋으랴. 내가 보기에, 21세기 한국에는 본받고 싶은 스승은커녕 저렇게 살아서는 절대로 안 된다는 걸 온몸으로 보여주는 반면교사(反面敎師)들이 도처에 흘러넘친다. 그런 사람도 다 나의 스승이라는 게 공자 말씀의 뜻인 줄은 알지만, 셋 중 하나가 그러면 나머지 둘은 살기가 몹시 피곤하다.

이 피곤에 수십 년 쩔대로 쩐 끝에 내가 터득한 유일한 도피책(逃避策)은 뭐 대단한 게 아니다. 말 그대로 도피하는 것이다. 밖으로 난 창과 문을 모두 닫고 소음을 제거한다. 미쳐 날뛰는 온갖 헛것들과 헛소리에 눈을 감고 어둠 속으로 잠긴다. 이 도피 끝 어딘가에 다른 문과 창이 열리고 다른 세상으로 이르는 도피안(到彼岸)의 길이 보일 것이다.

그렇게 제법 긴 시간을 보냈다. 길이 보이기는커녕 여전히 깜깜한 어둠 속을 헤매고 있지만, 그래도 상관없다. 스승은 못 되어도 남의 반면교사로 일생을 마치지 않으려면 어떻게 해야 할지 정도는 어렴풋이 알게 되었으니 그나마 다행이다.

라종일 교수는 나보다 십 년 연상의 장형(長兄)뻘이니 벗이라고 하기엔 아무래도 거북하지만, 세상에 나오는 즉시 도서관 서가의 깊은 어둠 속으로 들어가 잠들어 버리기 일쑤인 나의 부실한 책들을 찾아 읽고 수시로 낯 뜨거운 칭찬을 아끼지 않으시니 도피 중인 나로서는 상대야 어찌 생각하든 고마운 도반(道伴)이 아닐 수 없다. 오래된 고전을 빌려 말하자면, '한 세상 살면서 만나기 힘든, 내 마음을 알아주는 사람[世路少知音]'이라 하겠다.

그런데 칭찬은 고래도 춤추게 한다지만 그것도 고래 나름이라, 칭찬에 눈이 멀어 천지 모르고 깨춤을 추다 돌이킬 수 없이 망가지는 고래들을 나는 숱하게 보았다. 나 역시 그런 류의 고래에 속한다는 걸 익히 알고 있고, 그래서 늘 두려움에 가까울 정도의 경계심을 품고 산다. 심리학적으로 보면 그 자체가 칭찬에 목말라하는 욕망의 반영일지도 모른다. 또 한편 내가 평소에 남을 칭찬하는 데에 몹시 인색한 것은 그 두려움의 또 다른 표현임에 틀림없고, 한시바삐 고쳐야 할 좋지 않은 버릇이다.

라종일 교수의 『세계와 한국전쟁』(대한민국역사박물관, 2019)은 그런 버릇을 고쳐보려는 노력에 큰 도움을 준 책 중 하나다. 한국전쟁 전후의 국제 정세를 손바닥 위에 놓고 들여다보듯 생생하게 묘사하는 이 책과 그 저자에게 나는 진심으로 감사한다. 한국전쟁의 기원에 관해서라면 알다시피 이미 브루스 커밍스와 박명림의 통찰력 넘치는 획기적인 저서들이 있다. 이 저자들이 제공한 렌즈를 통해 고정되었던 한국전쟁에 관한 나의 시력(視力)은 세계 전체를 조망하는 라종일제(製) 광각 렌즈에 의해 한 단계 업그레이드되었다.

그는 나에게 더 멀리, 더 널리, 더 깊이 볼 수 있게 해주었다. 이보다 더 고맙고 반가운 일은 없다. 나는 여러 사람에게 이 책을 권하고 저자에게도 기꺼이 찬사를 보냈다.

올해 초 라 교수가 『Fairy Tales of Ra Jong-Yil』이라는 작은 팸플릿 형태의 영문 책자를 보내주었을 때, 나는 할 일이 줄줄이 늘어서 있는 데다 '정치학자가 웬 동화?'라는 근거 없는 편견까지 한몫을 해서 차일피일 읽기를 미루고 있었다. 그러던 어느 날 숙제하듯 펼쳐 든 그 책에서 나는 예기치 않은 충격을 받고 정신이 번쩍 들었다. 좋지 못한 버릇을 바로잡을 기회가 왔음이 분명했다.

수로부인, 처용, 유리왕, 지귀와 선덕여왕 ―국어 교과서나 민속 사전 혹은 박물관 등에 박제되어 있던 낯익은 이야기와 그 주인공들의 이미지는, 국제정치학자, 국가정보원 차장, 청와대 국가 안전 보좌관, 영국 대사, 일본 대사 등, '동화 작가'와 한데 섞이기는 좀처럼 쉽지 않을 경력의 소유자가 살짝 손을 대자 숨 쉬고 피가 돌더니 걸어 나와 나에게 말을 걸기 시작했다.

동해 용왕에게 납치된 수로부인의 이야기를 '민중 저항'과 연계시킨 「용과 미녀」의 이야기가 진부하지 않을 수 있는 근거는 민중 저항의 정치적 힘을 '탐미적 상상력'으로부터 끌어낸 작가의 '용기'에서 나온다. 그것이 '용기'인 이유는 1980년대 '민중문학'의 현장—반(反)미학의 절정을 이루었던—을 경험한 사람이라면 이 '미학의 정치화'가 지니는 의미를 이해할 수 있기 때문이다.

「오쟁이 진 남자」 처용은 아내의 간통 현장을 목격하고 분노 대신 덩실덩실 춤을 춘 '대인배' 또는 역신(疫神)의 무릎을 꿇린 '왕무당'의 이미지를 벗어나, 애욕(愛慾)의 허망함으로부터 인간 실존의 근원적 고통을 꿰뚫어 봄으로써 무한한 자비(慈悲)의 경지에 이르는 보살(菩薩)로 현신(現身)한다. 천년 넘게 무속(巫俗)의 전통 속에 또는 저속한 스캔들의 그늘 속에 묻혀 있던 처용은 이렇게 그 명예를 회복하게 되었으니 경하할 일이 아닌가.

사람으로 변신하고 싶은 욕망 끝에 비참한 죽음에 이르는 여우의 이야기 「사람이 되기 위하여」의 결론도 놀랍고 신선하다. "인간이 된다는 건 이만큼 어려운 일이노라. 그러니 착하게 살아라" 하고 끝맺는 이 설화의 교훈주의적 상투성은 "사람처럼 보이는 우리가 실은 여우, 늑대, 뱀 물고기, 지네가 아닐까?"라는 마지막 한 마디에 깨끗이 무너진다.

「아버지를 찾아서」의 유리(琉璃)는 더 이상 신비와 초현실의 안개로 가려진 건국 설화의 영웅이 아니다. 고투 끝에 마침내 아버지가 남긴 수수께끼를 둔 유리는 이제 "자기단의 장소를 찾아내야" 하는 새로운 과제 앞에 선다. '밤하늘의 별들이 가야 할 길을 비춰주던 행복한 시대'의 주인공이 아니라, 혼돈과 분열로 휩싸인 세계 속에서 홀로 길을 찾아 떠나는 근대적 인간의 전형 —유리는 그렇게 다시 태어난다.

'낭만주의', '낭만적 사랑' 같은 관념이나 실천은 세계사적으로 18세기 이후, 주로 독일 낭만주의 등을 통해 출현하는 것으로 흔히 알려져 있다.

내가 늘 경이롭게 생각하는 것은, 한반도에서는 이미 천 년도 더 전에 '불타는 사랑의 화신(化身/火身)'—열정이 불이 되어 그 불에 타 죽었다니!—을 그린 '슈퍼 낭만적' 지귀(志鬼) 설화가 등장했다는 사실이다(그런데 그로부터 한 천 년쯤 후에는 숨 막히는 주자학적 이데올로기로 중무장한 '열녀 춘향전' 같은 것이 우세종(優勢種) 러브스토리로 판을 친다. 이것도 희한한 일이다. 역사는 진보한다느니 하는 믿음은 역시 의심스럽고, 문예사조사니 뭐니 하는 것도 귀담아들을 것이 못 된다).

라종일이 지귀의 입을 빌려 들려주는 「빛 없는 불」은 다른 의미에서 경이롭다. 이 이야기 속에서 지귀는 흔히 말하듯 이루지 못할 비극적 사랑의 주인공도 아니고, 화마(火魔)를 물리치는 주술적 존재도 아니다. 지귀의 가슴 속에서 어느 날 갑자기 타오르기 시작한 뜨거운 불길은, 그의 말에 따르면, "조만간 먼지와 흙으로 돌아갈" 우리 인간의 "본질이자 실체"이며 "깨달음"의 개시(開示)다. 구도의 길에 들어선 지귀가 꿈결처럼 마주친 여왕의 눈길은 말 그대로 관음보살(觀音菩薩)의 현현(顯現)이자 궁극의 순간(Epiphany)이다. 진리의 불 안에서 모든 번뇌와 고통을 멸진(滅盡)하고 마침내 니르바나(Nirvāṇa)에 이른 지귀 선사(禪師)의 법열(法悅) 넘치는 황홀한 게송(偈頌)이 흘러나오는 순간, 나 역시 숨이 막혔다.

"나를 평온하게, 차갑게 식혀주는 불. 그 불 속에서 사라져 가면서 나는 마침내 내가 차갑게, 자유로워지는 걸 느끼며 깊은숨을 들이마셨지."

라 교수의 영어 문장을 읽을 때마다 나는 잘 차려입고

멋진 식당에서 와인을 곁들인 고급 서양식 코스 요리를 즐기는 듯한 기분에 빠진다. 단어와 단어, 문장과 문장 사이의 깊은 심연도 그의 글에서 눈을 떼지 못하게 하는 중요한 요소다. 불행히도 나는 그것들을 그대로 전달할 능력이 없다. 말의 전달이란 결국 오해와 착각의 산물이라는 두루뭉술한 레토릭으로 변명을 삼는다.

　바라건대, 이 오해와 착각의 산물을 읽는 독자들이 더 많은 오해와 착각을 낳아주기를. '이야기'는 그렇게 지속되어야 한다. 그것이 우리를 살게 하는 힘일 터이니까.

김철

라종일의 탐미야담耽美夜譚

밤드리 노니다가

초판1쇄 인쇄 2024년 9월25일
초판1쇄 발행 2024년 10월9일

지은이　　라종일
옮긴이　　김철
펴낸이　　유상원
펴낸곳　　헤르츠나인(상상+모색)

등록일　　2010년 11월 5일
등록번호　상상+모색, 제313-2010-322호
주 소　　경기도 고양시 일산동구 탄중로344 태영 601동 401호
전 화　　070-7519-2939
팩 스　　02-6919-2939
이메일　　hertz9books@gmail.com
ISBN　　979-11-86963-69-2 03810

copyright ⓒ 2024, 라종일
저자와의 협의 아래 인지를 생략합니다. 파본은 구입하신 서점이나 본사에서 교환해드립니다. 책값은 뒤표지에 있습니다. 본 책은 저작권법에 의해 보호를 받는 저작물이므로 무단 전재와 복제를 금합니다.
헤르츠나인은 상상+모색의 출판브랜드입니다.